PAPERWOLF
Design at play

PAPIER TIER SAFARI

Ausschneiden, falten, kleben und spielen

Mit 16 Bastelbogen und Spielfeld

EMF

EIN BUCH DER EDITION MICHAEL FISCHER

Wolfram Kampffmeyer

INHALT

GEPARD
Bauanleitung S. 13
Bastelbogen S. 33

TIGER
Bauanleitung S. 14
Bastelbogen S. 35

BÜFFEL
Bauanleitung S. 15
Bastelbogen S. 37

ELEFANTEN
Bauanleitung S. 16
Bastelbogen S. 39, 41

AKAZIE
Bauanleitung S. 17
Bastelbogen S. 43

PFLANZEN
Bauanleitung S. 18
Bastelbogen S. 45, 47

FÜR 1–12 SPIELER

SAFARI-SPIEL

Eine Dürre beherrscht seit Wochen die Savanne und bringt inzwischen selbst die Löwen ins Schwitzen. Langsam wird der Boden immer staubiger, und die rote Sonne Afrikas scheint noch heißer auf die Felle der Tiere. Es führt kein Weg daran vorbei: Die Tiere müssen sich auf den Weg machen und die nächste Wasserstelle schnellstmöglich erreichen. Sie kann nicht weit weg sein, eine befreundete Giraffe war bereits dort …

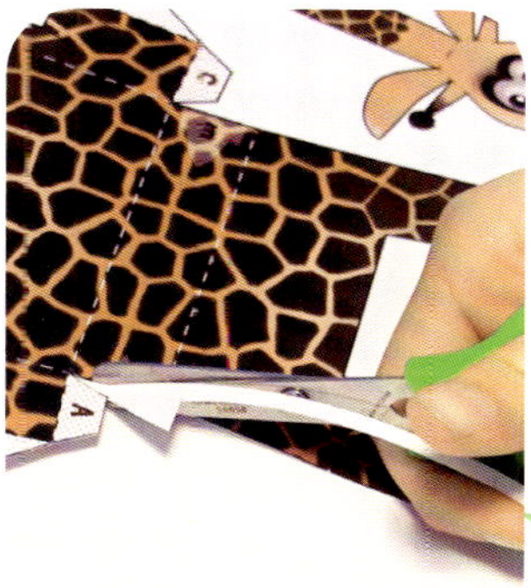

SCHNEIDEN
mit dem Skalpell

Schneide die Teile, so gut du kannst, aus. Jüngere nehmen die Schere, Ältere ein Skalpell. Das Skalpell wird wie ein Stift geführt. Benutze hierfür eine Schneideunterlage, sonst wird der Tisch möglicherweise beschädigt.

SCHNEIDEN
mit der Schere

Wenn du mit der Schere arbeitest, schneide spitze Schnitte (z. B. die Laschen) von beiden Seiten aus ein.

Bergfalte - - - - - - - - - - -
Talfalte - — - — - — - — -

BERG- UND TALFALTEN

Es gibt zwei Knickrichtungen: Nach oben (Talfalte) und nach unten (Bergfalte). Auf dem Foto siehst du den Unterschied noch einmal ganz deutlich.

FALTEN

Falte die Teile entlang der gefalzten Linien.

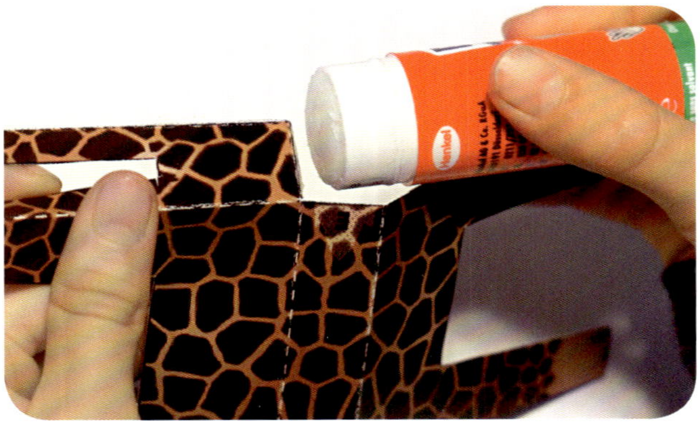

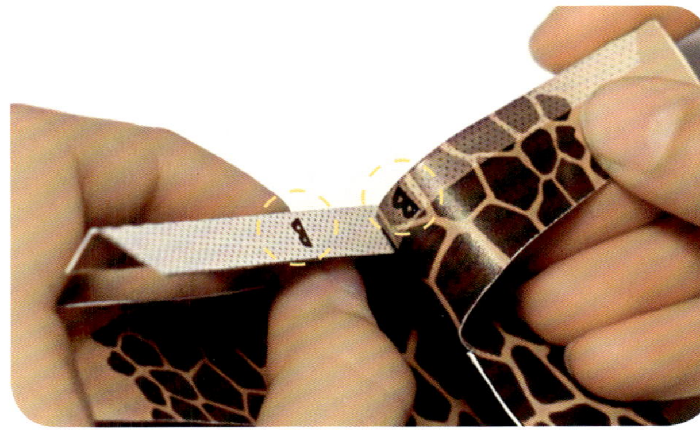

KLEBEN
Klebe Lasche für Lasche aneinander. Ich empfehle einen guten Markenklebestift (z. B. von Pritt).

GLEICHE BUCHSTABEN …
… kommen aufeinander.

EINFACH

MITTELSCHWER

SCHWIERIG

HALTEN
Drücke die Klebestelle fest, bis der Kleber getrocknet ist.

SCHWIERIGKEITSGRAD
Jetzt weißt du alles, was du brauchst, und es kann endlich losgehen! Die Tiere sind übrigens in verschiedene Schwierigkeitsgrade unterteilt.

LÖWE

DEN BASTELBOGEN FINDEST DU AUF SEITE 19!

Ich bin der König der Tiere! Ich führe die Tiere der Wildnis aus allen schwierigen Situationen. Doch Vorsicht, wenn ich hungrig oder durstig bin!

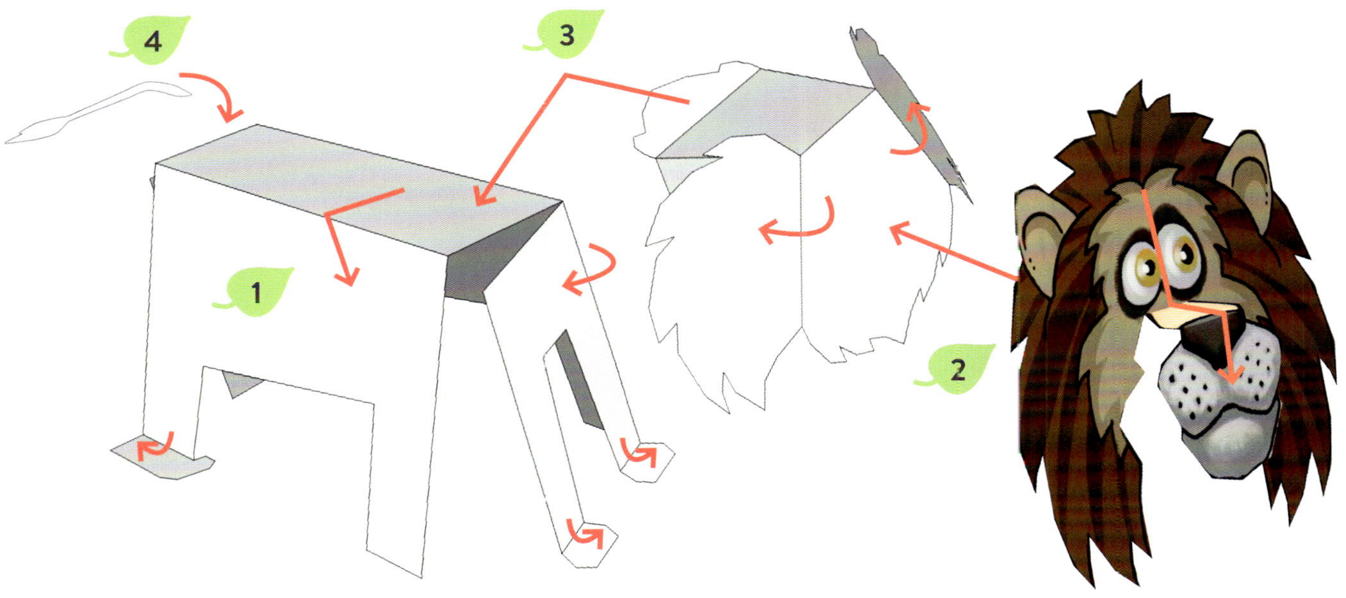

1 Trenne den Bastelbogen erst heraus, dann müssen alle Teile gefalzt, ausgeschnitten und gefaltet werden (siehe Seite 6–8). Achte dabei auf die Berg- und Talfalten. Klebe danach zuerst den Körperkasten zusammen. Gleiche Buchstaben auf den Laschen gehören zusammen und werden aufeinandergeklebt. A gehört auf A, B gehört auf B, C auf C und so weiter.

2 Klebe den Kopf anschließend mit der Markierung F an das Mähnenelement.

3 Dann wird beides mit der Markierung E an den Körperkasten geklebt. Die heruntergeklappten Seiten des Halses verhindern, dass der Kopf zu weit nach unten sinkt.

4 Der Schwanz wird zum Schluss an die markierte Stelle am Ende des Körpers geklebt.

GIRAFFEN

DIE BASTELBOGEN FINDEST DU AUF DEN SEITEN 21, 23 UND 25!

Solange wir genügend Futter haben, kommen wir problemlos eine Weile ohne Wasser aus. Doch nach ein paar Wochen wird die Dürre selbst für uns gefährlich …

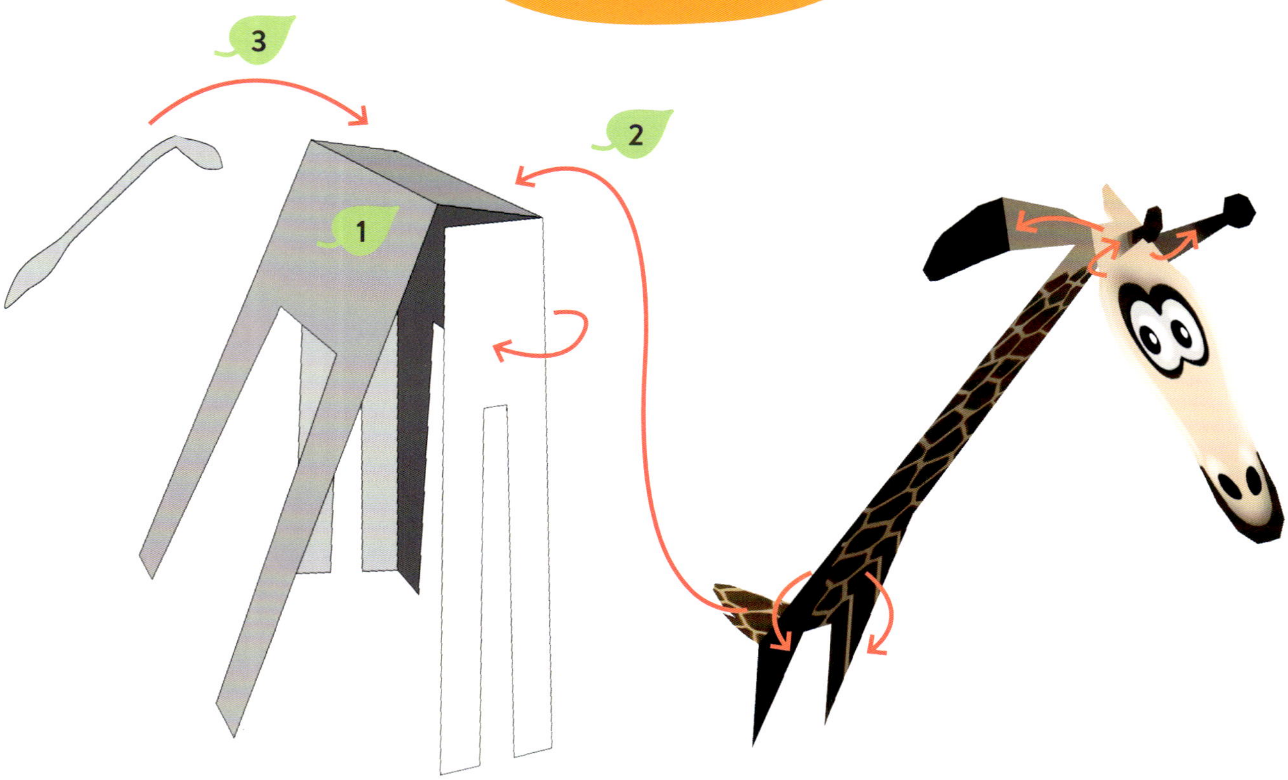

1 Trenne den Bastelbogen erst heraus, dann müssen alle Teile gefalzt, ausgeschnitten und gefaltet werden (siehe Seite 6–8). Achte dabei auf die Berg- und Talfalten. Klebe danach zuerst den Körperkasten zusammen. Gleiche Buchstaben auf den Laschen gehören zusammen und werden aufeinandergeklebt. A gehört auf A, B gehört auf B, C auf C und so weiter.

2 Klebe den Kopf der Giraffe mit der Markierung E auf den Körperkasten. Die heruntergeklappten Seiten des Halses verhindern, dass der Kopf zu weit nach unten sinkt.

3 Zum Schluss klebst du das Schwänzchen an die markierte Stelle am Ende des Körpers.

GAZELLEN

DIE BASTELBOGEN FINDEST DU AUF DEN SEITEN 27 UND 29!

Meine Kumpels und ich führen je eine Gruppe Mädels an und machen den Weg immer für sie frei – no problemo!

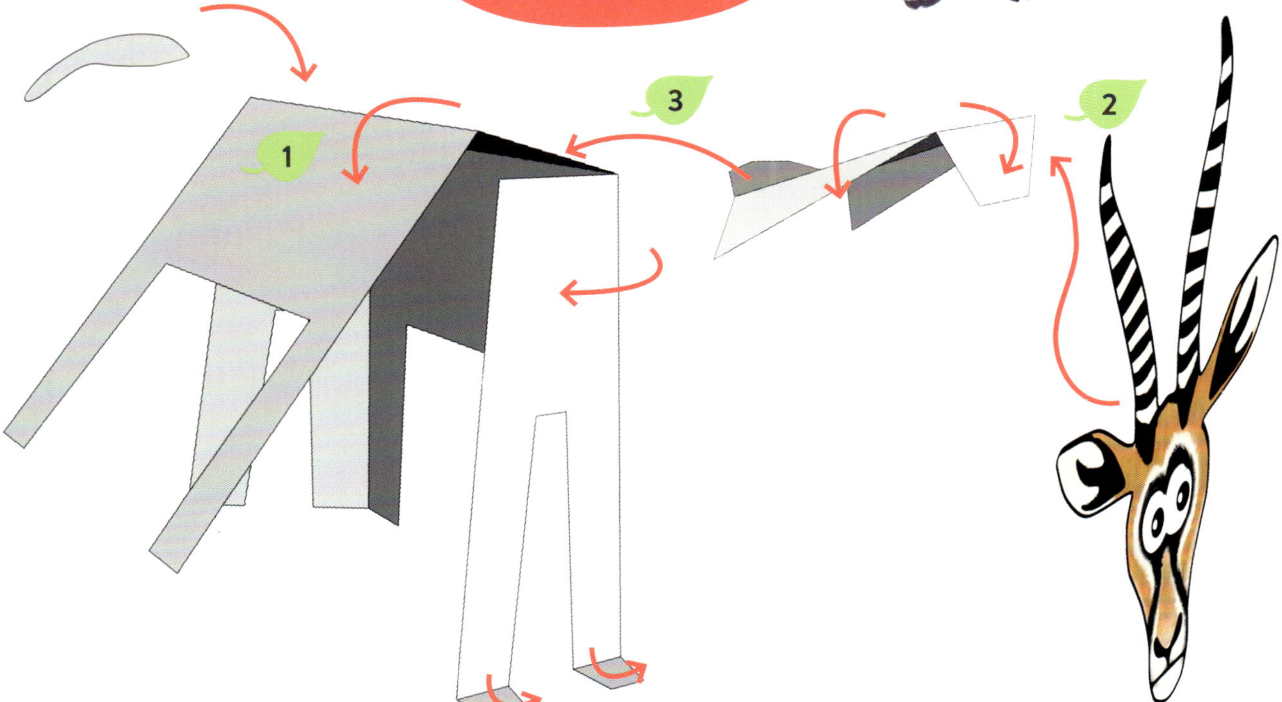

1 Trenne den Bastelbogen erst heraus, dann müssen alle Teile gefalzt, ausgeschnitten und gefaltet werden (siehe Seite 6–8). Achte dabei auf die Berg- und Talfalten. Klebe danach zuerst den Körperkasten zusammen. Gleiche Buchstaben auf den Laschen gehören zusammen und werden aufeinandergeklebt. A gehört auf A, B gehört auf B, C auf C und so weiter.

2 Klebe den Hals mit der Markierung E auf die Rückseite des Kopfes.

3 Dann wird beides mit der Markierung F an den Körper geklebt. Die heruntergeklappten Seiten des Halses verhindern, dass der Kopf zu weit nach unten sinkt.

4 Zum Schluss wird das kurze Schwänzchen an die markierte Stelle am Ende des Körpers geklebt.

KROKODIL

DEN BASTELBOGEN FINDEST DU AUF SEITE 31!

Komm mir bloß nicht zu nahe. Ich mag keine Menschen und andere Tiere erst recht nicht. Mein Kopf steckt meist unter Wasser, da ist es leiser.

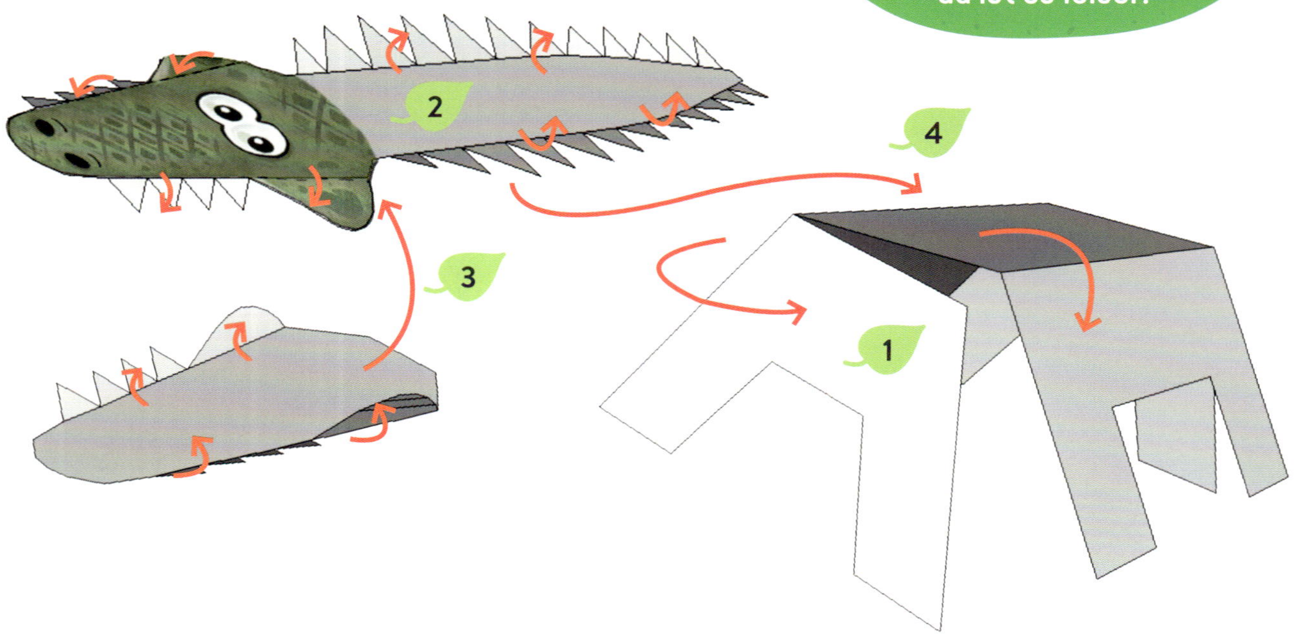

1 Trenne den Bastelbogen erst heraus, dann müssen alle Teile gefalzt, ausgeschnitten und gefaltet werden (siehe Seite 6–8). Achte dabei auf die Berg- und Talfalten. Klebe danach zuerst den Körperkasten zusammen. Gleiche Buchstaben auf den Laschen gehören zusammen und werden aufeinandergeklebt. A gehört auf A, B gehört auf B, C auf C und so weiter.

2 Die Stacheln am Rücken biegst du nach oben, die Zähne nach unten. Die Zähne des Unterkiefers werden hingegen nach oben geklappt.

3 Klebe anschließend den Unterkiefer mit der Markierung E an den Kopf.

4 Zum Schluss wird der komplette Rücken mit F auf den Körperkasten geklebt.

GEPARD

DEN BASTELBOGEN FINDEST DU AUF SEITE 33!

Der Löwe soll mich einfach in Ruhe lassen. Mein Fell ist ja ganz offensichtlich schöner als seins, und schneller als er bin ich sowieso.

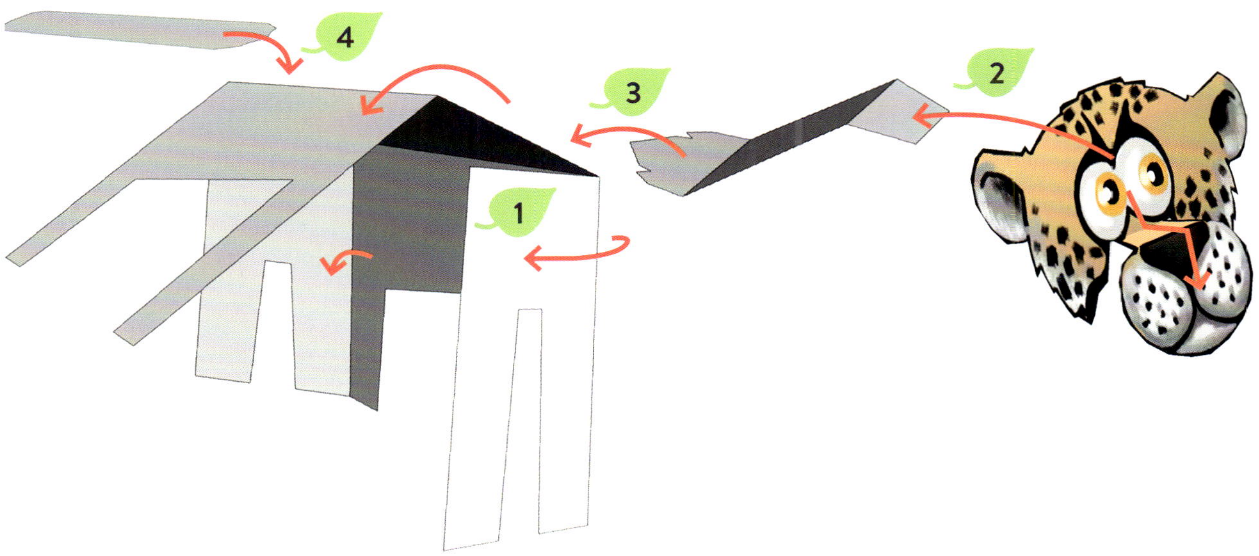

1 Trenne den Bastelbogen erst heraus, dann müssen alle Teile gefalzt, ausgeschnitten und gefaltet werden (siehe Seite 6–8). Achte dabei auf die Berg- und Talfalten. Klebe danach zuerst den Körperkasten zusammen. Gleiche Buchstaben auf den Laschen gehören zusammen und werden aufeinandergeklebt. A gehört auf A, B gehört auf B, C auf C und so weiter.

2 Klebe anschließend den Hals mit der Markierung E auf die Rückseite des Kopfs.

3 Beides wird schließlich mit der Markierung F auf den Körper geklebt.

4 Der lange Schwanz wird S-förmig gebogen und an die gekennzeichnete Stelle am Ende des Körpers geklebt.

TIGER

DEN BASTELBOGEN FINDEST DU AUF SEITE 35!

Großkatzen wie ich lassen sich auf keinen Fall von irgendwelchen Dürren stressen. Die Trockenheit wird sich schon noch verziehen, ich bleib locker.

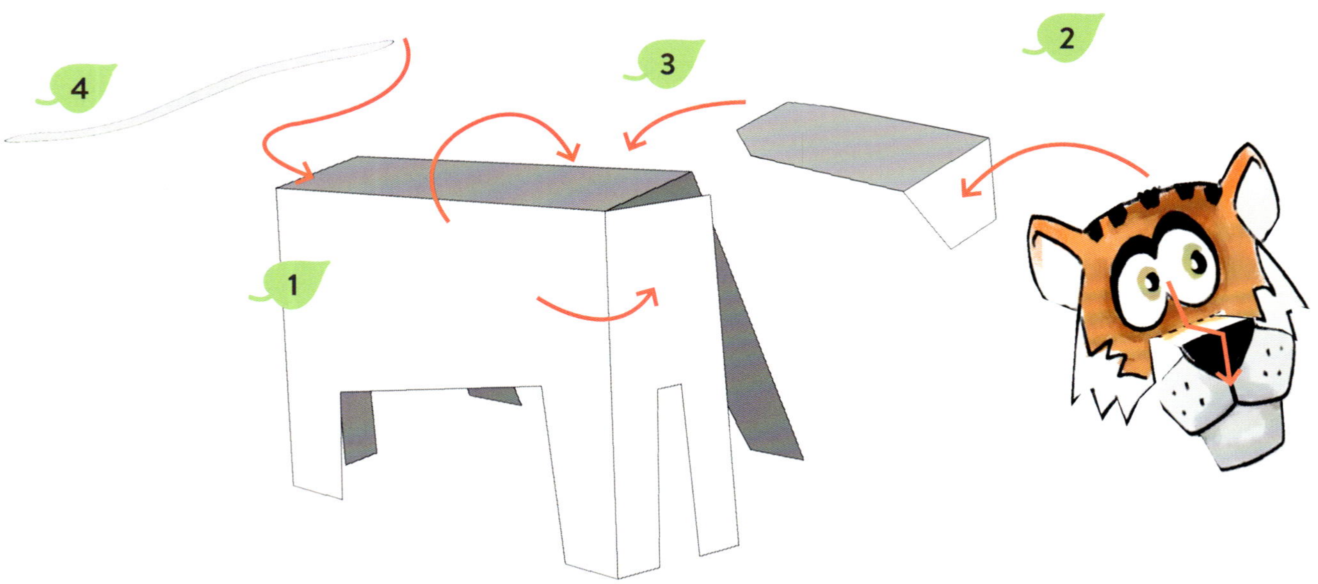

1 Trenne den Bastelbogen erst heraus, dann müssen alle Teile gefalzt, ausgeschnitten und gefaltet werden (siehe Seite 6–8). Achte dabei auf die Berg- und Talfalten. Klebe danach zuerst den Körperkasten zusammen. Gleiche Buchstaben auf den Laschen gehören zusammen und werden aufeinandergeklebt. A gehört auf A, B gehört auf B, C auf C und so weiter.

2 Klebe den Hals anschließend mit der Markierung G an die Rückseite des Kopfes.

3 Beides wird schließlich mit der Markierung F auf den Körper geklebt.

4 Den langen Schwanz kannst du zum Schluss noch S-förmig biegen und mit der Markierung E an die gekennzeichnete Stelle kleben.

BÜFFEL

DEN BASTELBOGEN FINDEST DU AUF SEITE 37!

Wasser ist mein Lebenselixir, deshalb macht mir die Dürre besonders zu schaffen.

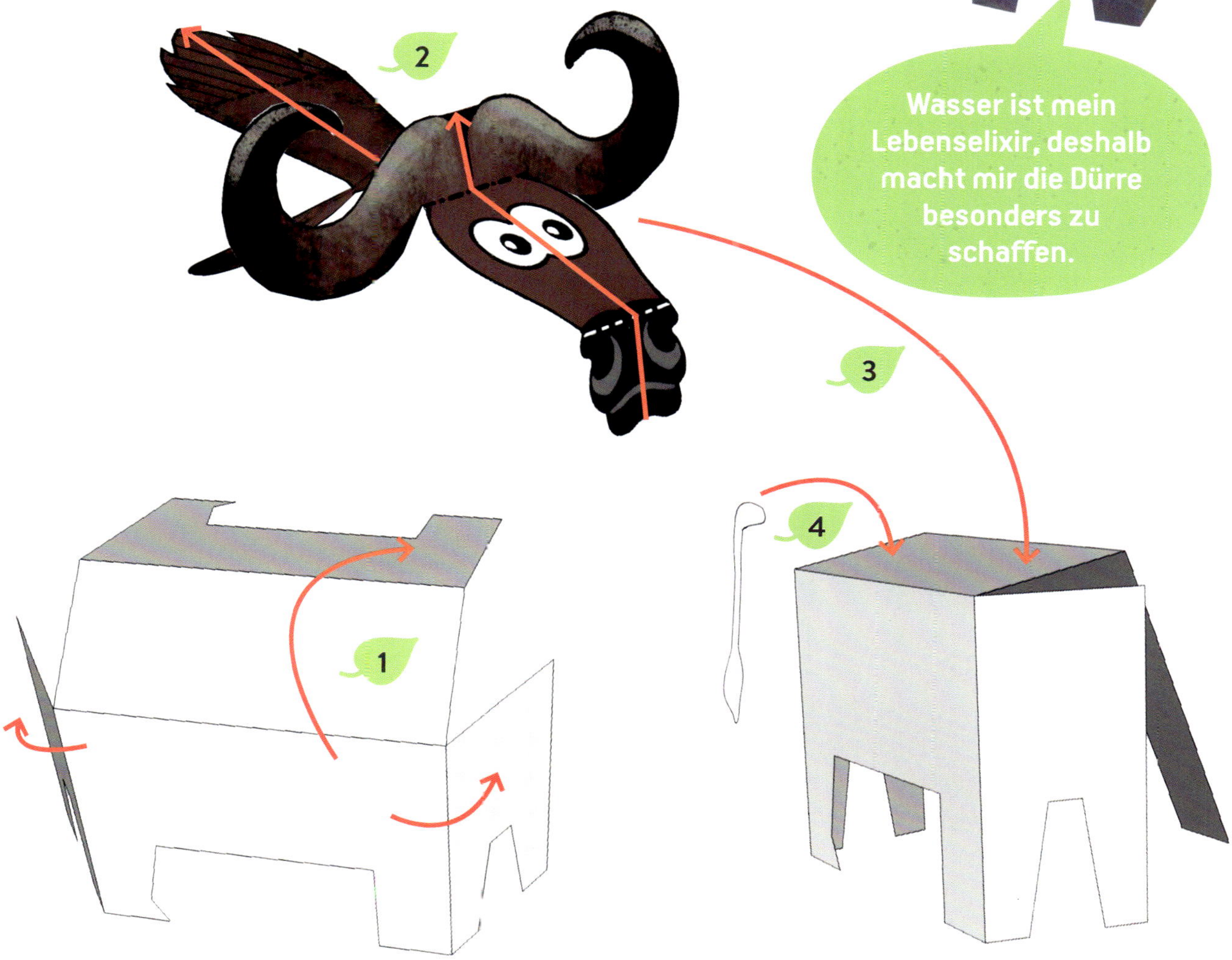

1 Trenne den Bastelbogen erst heraus, dann müssen alle Teile gefalzt, ausgeschnitten und gefaltet werden (siehe Seite 6–8). Achte dabei auf die Berg- und Talfalten. Klebe danach zuerst den Körperkasten zusammen. Gleiche Buchstaben auf den Laschen gehören zusammen und werden aufeinandergeklebt. A gehört auf A, B gehört auf B, C auf C und so weiter.

2 Der Kopf wird, wie in der Zeichnung oben gezeigt, gefaltet und an der Markierung F zusammengeklebt.

3 Das ganze Element wird mit der Markierung E auf den Körper geklebt. Die heruntergeklappten Seiten des Halses verhindern, dass der Kopf zu weit nach unten sinkt.

4 Zum Schluss klebst du den Schwanz an die markierte Stelle auf den Körper.

DIE BASTELBOGEN FINDEST DU AUF DEN SEITEN 39 UND 41!

ELEFANTEN

Obwohl ich ein Dickhäuter bin, fürchte ich mich sehr – vor eigentlich allem. Auch vor Dürre. Ganz besonders vor Dürre!

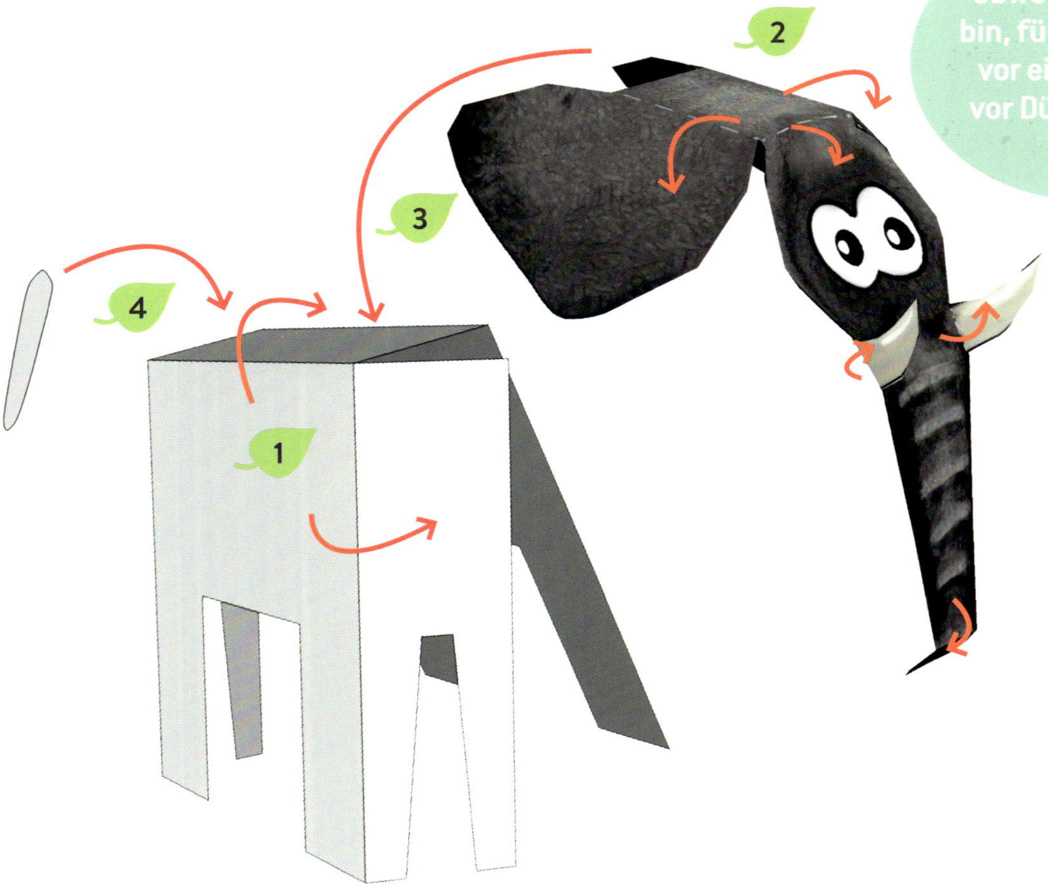

1 Trenne den Bastelbogen erst heraus, dann müssen alle Teile gefalzt, ausgeschnitten und gefaltet werden (siehe Seite 6–8). Achte dabei auf die Berg- und Talfalten. Klebe danach zuerst den Körperkasten zusammen. Gleiche Buchstaben auf den Laschen gehören zusammen und werden aufeinandergeklebt. A gehört auf A, B gehört auf B, C auf C und so weiter.

2 Der Kopf der Elefanten wird, wie oben gezeigt, gefaltet.

3 Mit der Markierung E wird er dann auf den Körper geklebt.

4 Als Letztes klebst du den Schwanz an die markierte Stelle am Ende des Körpers.

AKAZIE

DEN BASTELBOGEN FINDEST DU AUF SEITE 43!

Ich spende jedem erschöpften Tier Schatten und dufte sehr angenehm.

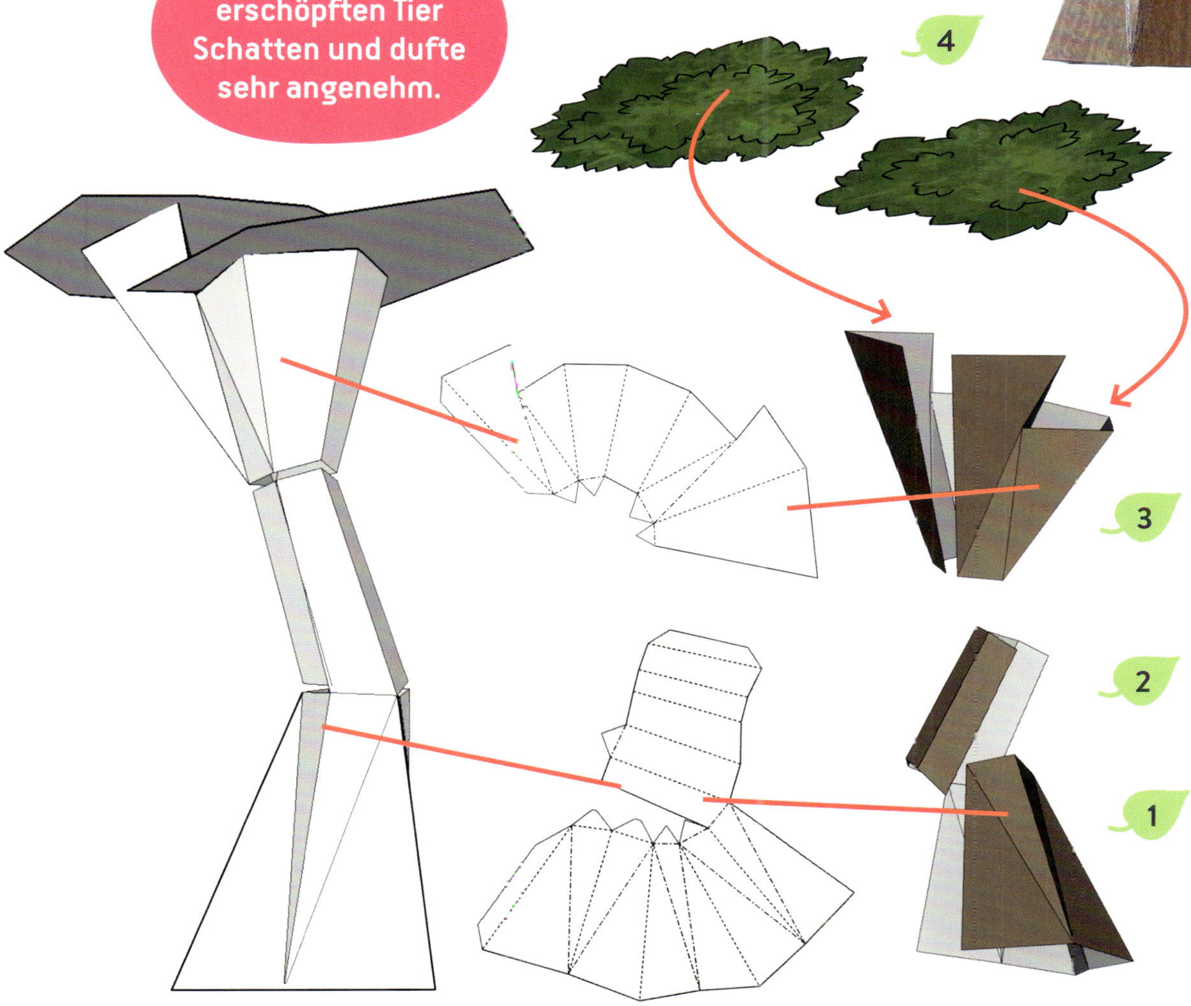

1 Trenne den Bastelbogen erst heraus, dann müssen alle Teile gefalzt, ausgeschnitten und gefaltet werden (siehe Seite 6–8). Achte dabei auf die Berg- und Talfalten. Bei diesem Modell lässt du dir am besten von deinen Eltern helfen. Es ist das schwierigste in diesem Buch. Baue den Baum von unten nach oben. Klebe zuerst den untersten Ring mit der Lasche A zusammen.

2 Klebe dann den zweiten Ring Lasche für Lasche an den ersten und schließe den Ring mit der Lasche B.

3 Das oberste Element setzt du an der Lasche C an und schließt es mit der Lasche D.

4 Die Blätter klebst du zum Schluss flach auf die grünen Klebelaschen an den Ästen.

PFLANZEN

DIE BASTELBOGEN FINDEST DU AUF DEN SEITEN 45 UND 47!

Die gelben Pflanzen Aspilia und Wedelia können heilen und brauchen nicht viel Wasser, um sich fortzupflanzen. Der blaue, krautige Lein verleiht den trockenen Ebenen Afrikas einen schönen Farbklecks.

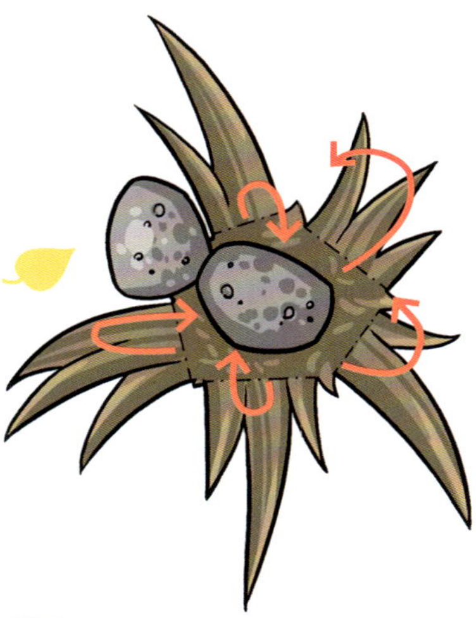

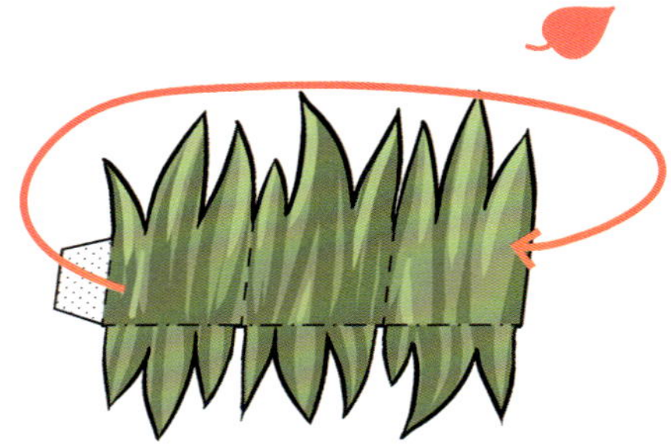

BLAUE BLUME & SEEROSE

Diese beiden Pflanzen sind die einfachsten. Die blaue Blume muss nur ausgeschnitten werden. Bei der Seerose werden anschließend noch die Blütenblätter nach oben gefaltet. Danach wird die Seerose auf das Blatt geklebt.

GRASBÜSCHEL & STEINE

Bei dieser Art von Pflanzen faltest du einfach die äußeren Blätter nach oben.

BÜSCHE & SCHILF

Diese Pflanzenart hat zwei oder drei Klebelaschen. Diese werden abwechselnd nach hinten und nach vorne geklappt und auf den passenden Untergrund geklebt.

GRASBÜSCHEL

Die Grasbüschel werden im Kreis gewickelt und schließlich zum Ring geschlossen.

LÖWE

DIE ANLEITUNG FINDEST DU AUF SEITE 9!

Behalte beim Falzen und Ausschneiden immer diese Seite oben!

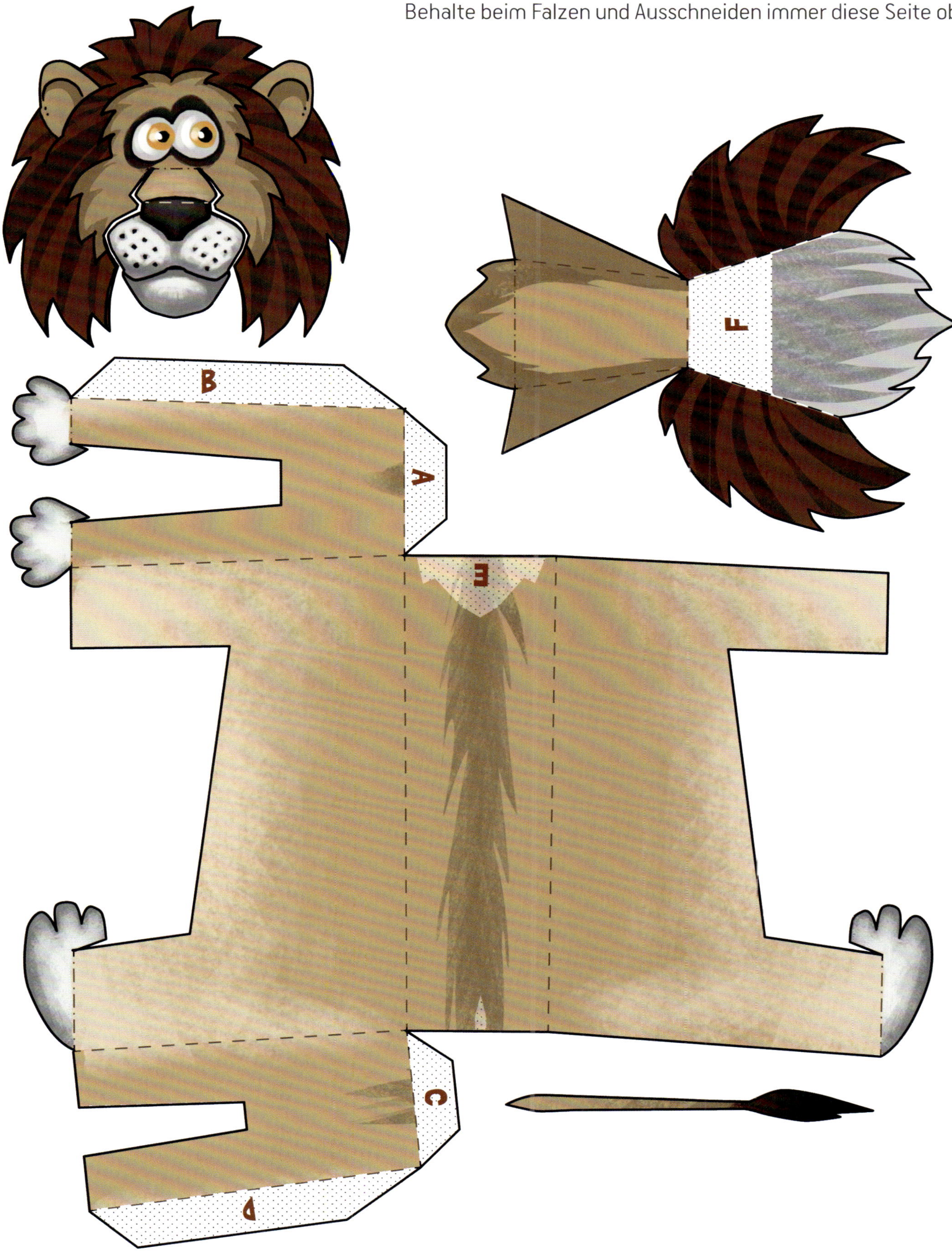

LÖWE

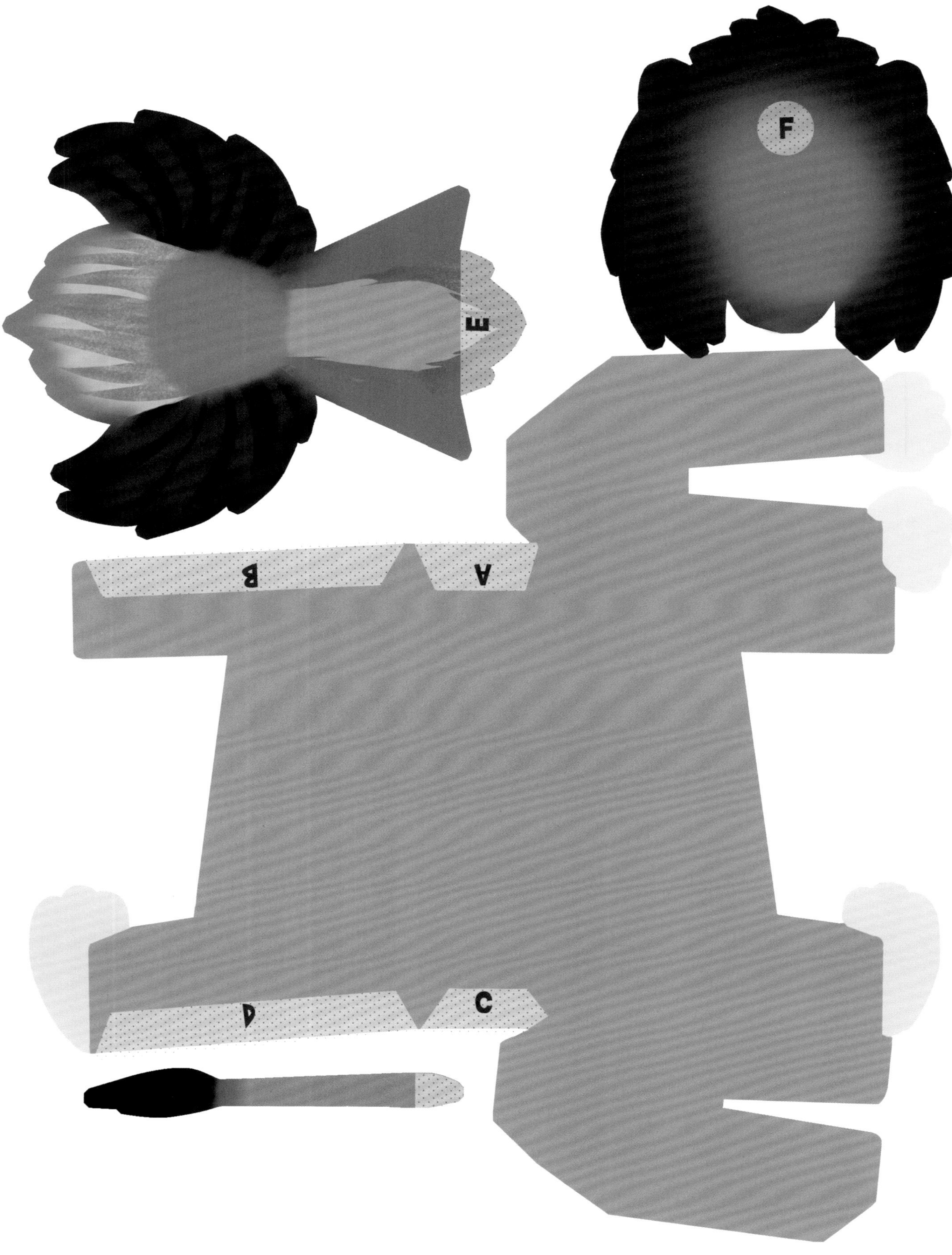

MAMA GIRAFFE

DIE ANLEITUNG FINDEST DU AUF SEITE 10!

Behalte beim Falzen und Ausschneiden immer diese Seite oben!

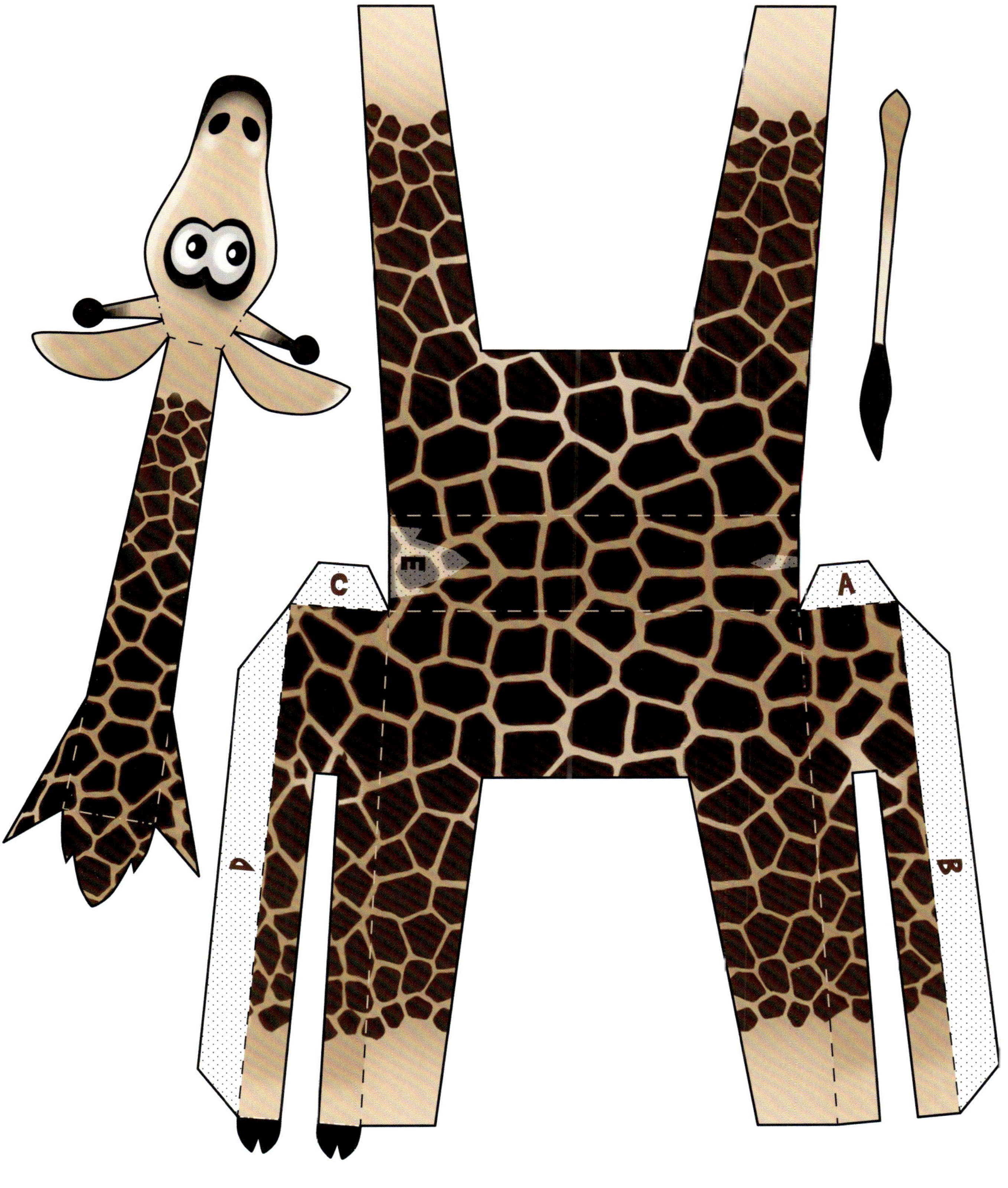

MAMA GIRAFFE

PAPA GIRAFFE

DIE ANLEITUNG FINDEST DU AUF SEITE 10!

Behalte beim Falzen und Ausschneiden immer diese Seite oben!

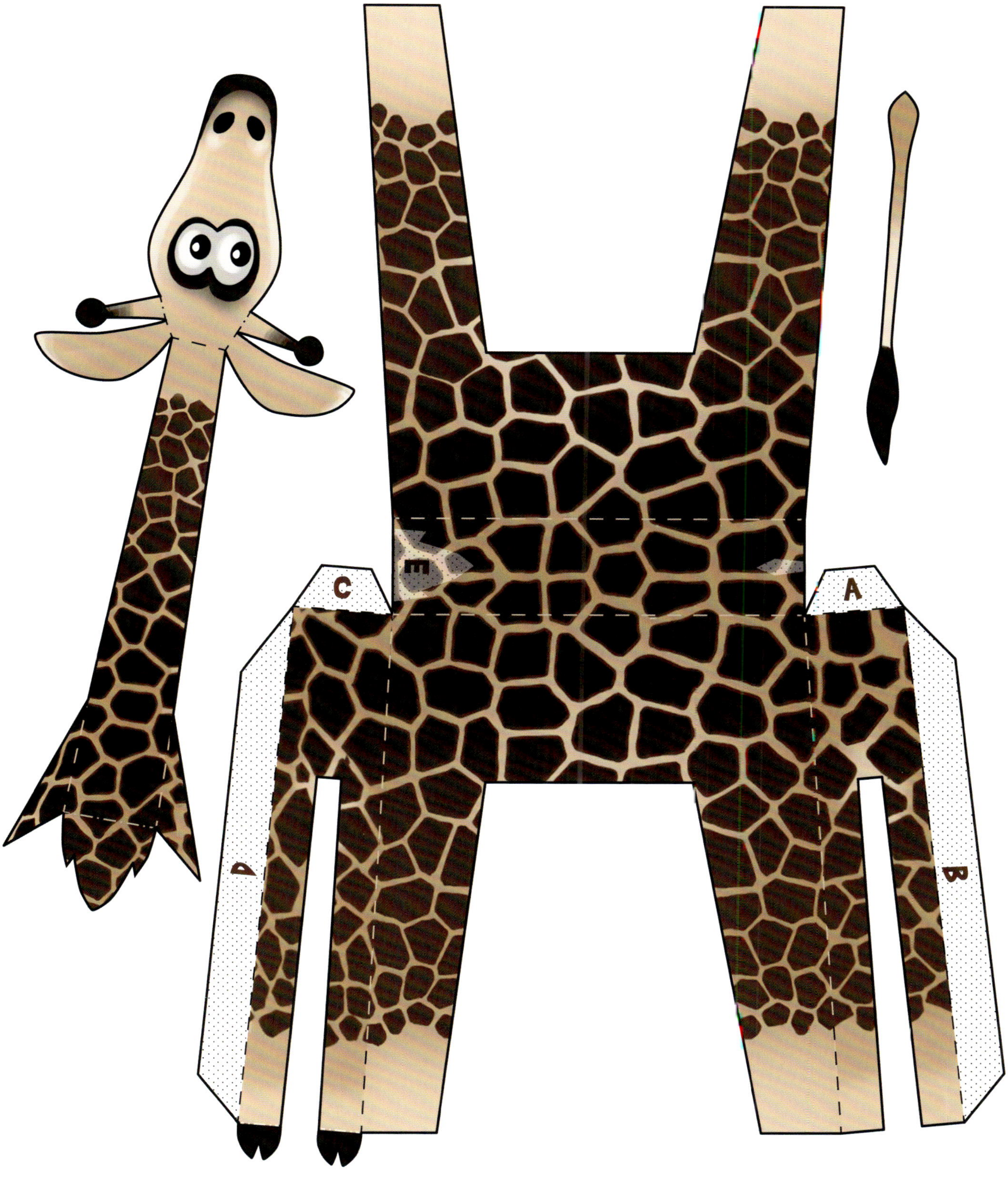

PAPA GIRAFFE

BABY GIRAFFE

-25-
BASTELBOGEN

DIE ANLEITUNG FINDEST DU AUF SEITE 10!

Behalte beim Falzen und Ausschneiden immer diese Seite oben!

BABY GIRAFFE

GAZELLE

DIE ANLEITUNG FINDEST DU AUF SEITE 11!

Behalte beim Falzen und Ausschneiden immer diese Seite oben!

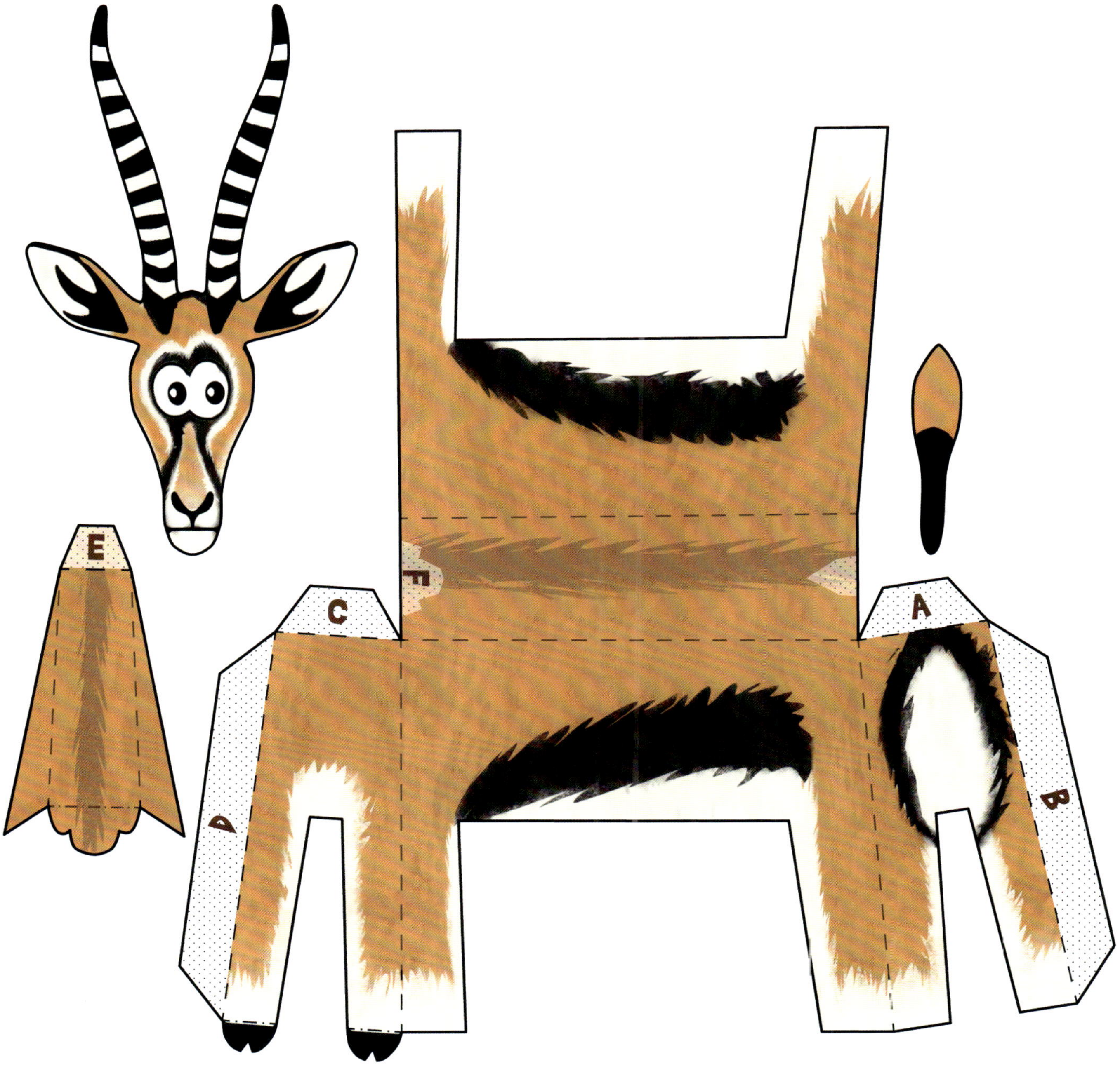

GAZELLE

GAZELLE

DIE ANLEITUNG FINDEST DU AUF SEITE 11!

Behalte beim Falzen und Ausschneiden immer diese Seite oben!

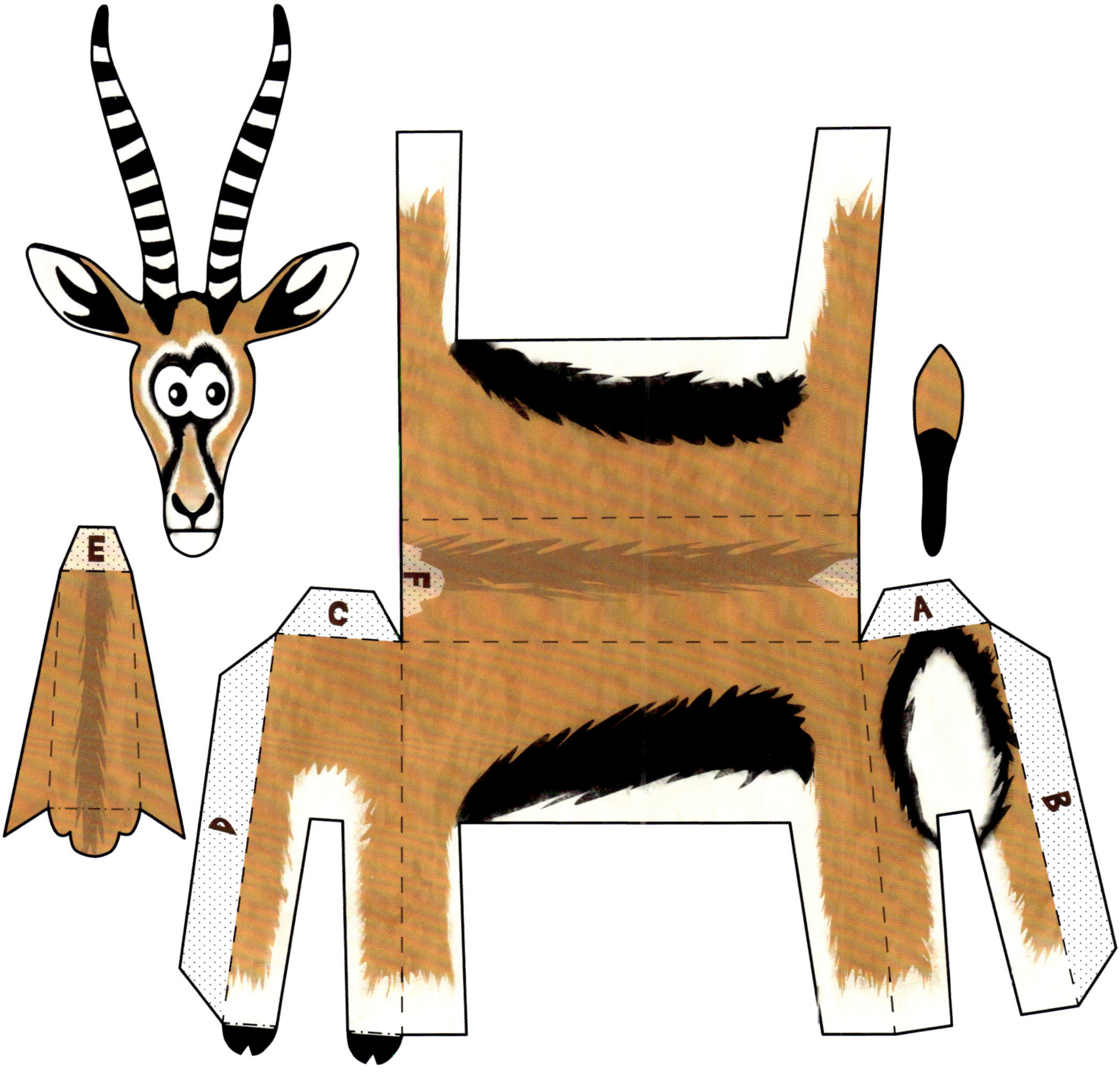

GAZELLE

KROKODIL

DIE ANLEITUNG FINDEST DU AUF SEITE 12!

Behalte beim Falzen und Ausschneiden immer diese Seite oben!

KROKODIL

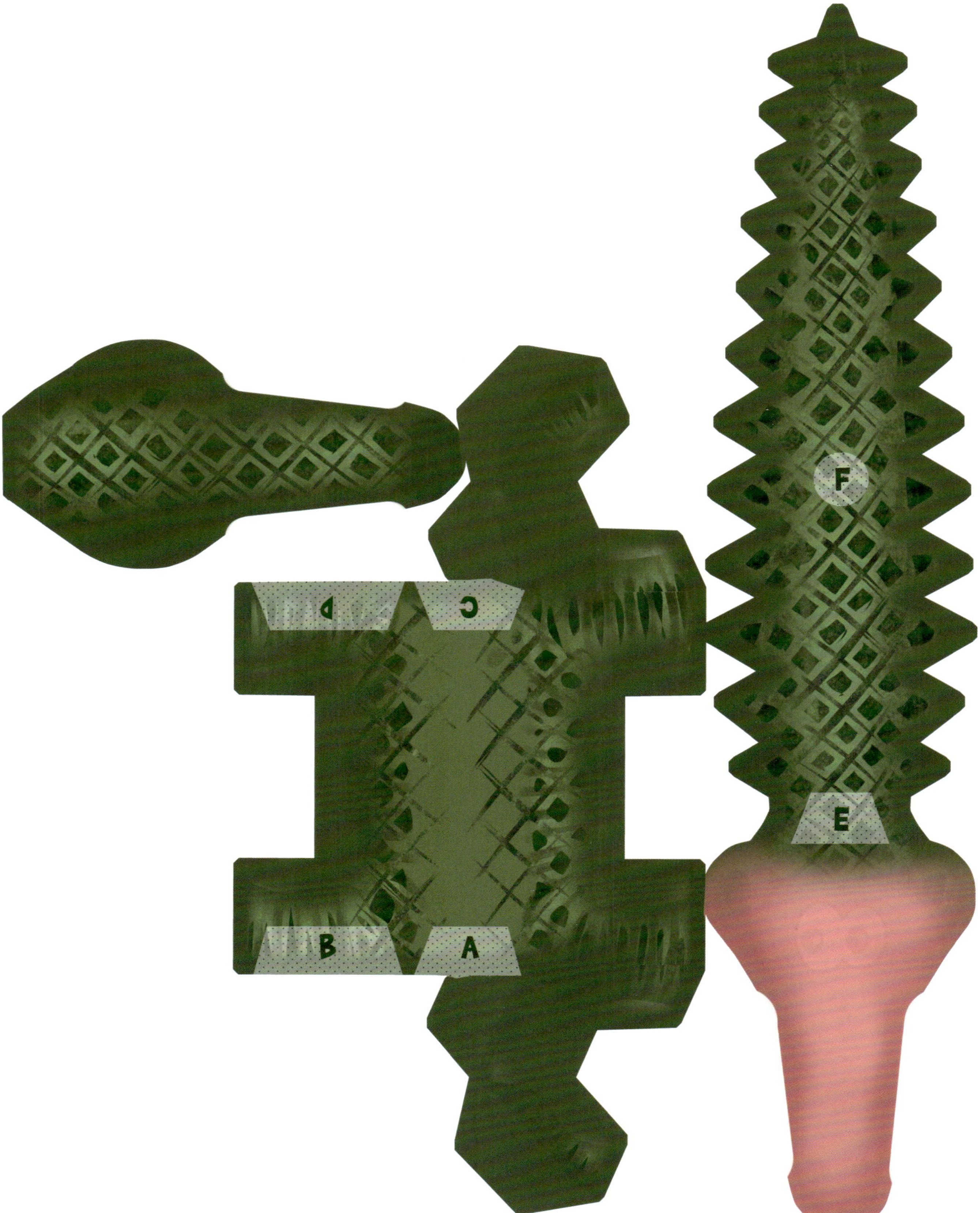

GEPARD

Behalte beim Falzen und Ausschneiden immer diese Seite oben!

GEPARD

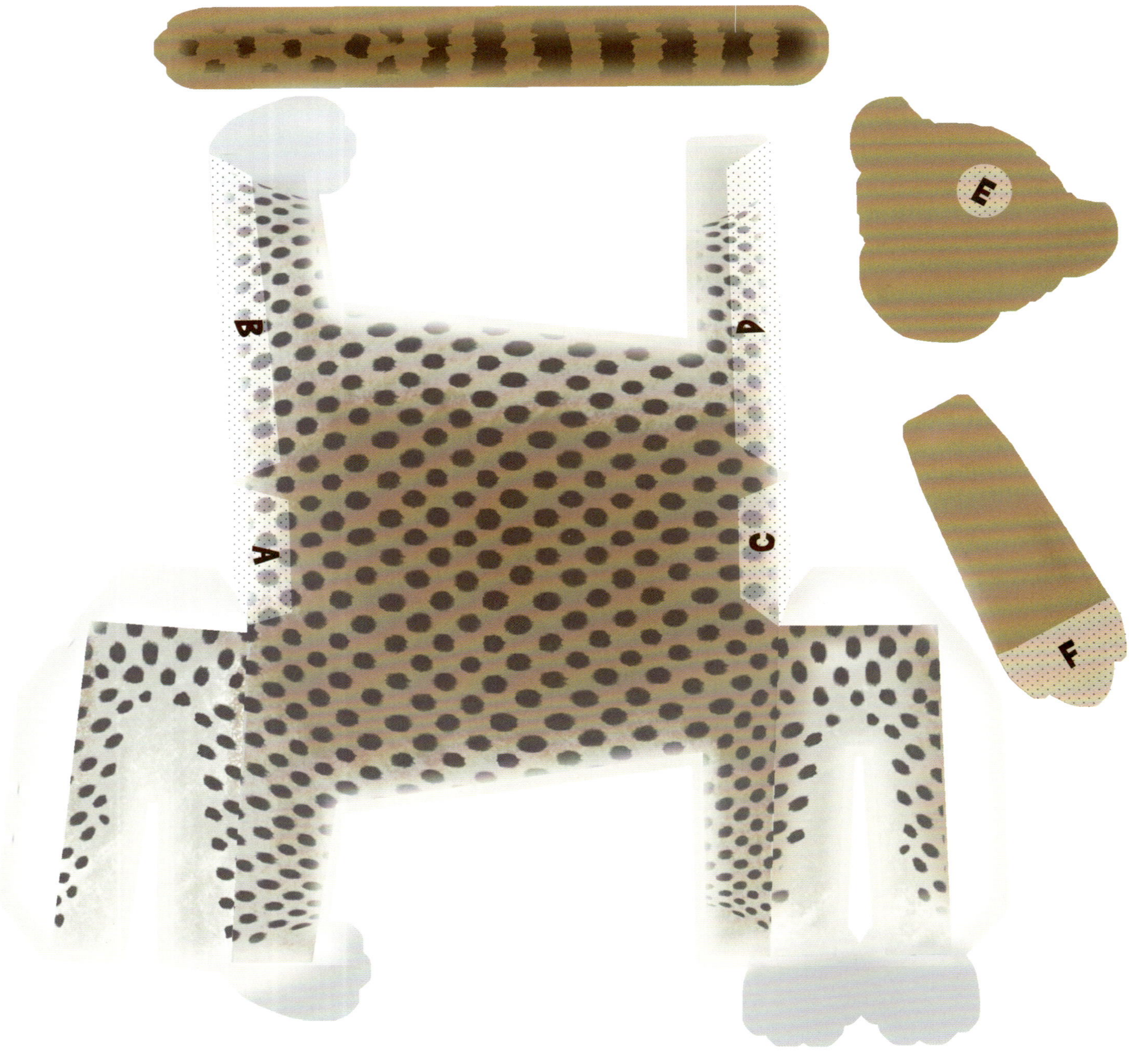

TIGER

DIE ANLEITUNG FINDEST DU AUF SEITE 14!

Behalte beim Falzen und Ausschneiden immer diese Seite oben!

TIGER

BÜFFEL

DIE ANLEITUNG
FINDEST DU
AUF SEITE 15!

Behalte beim Falzen und Ausschneiden immer diese Seite oben!

BÜFFEL

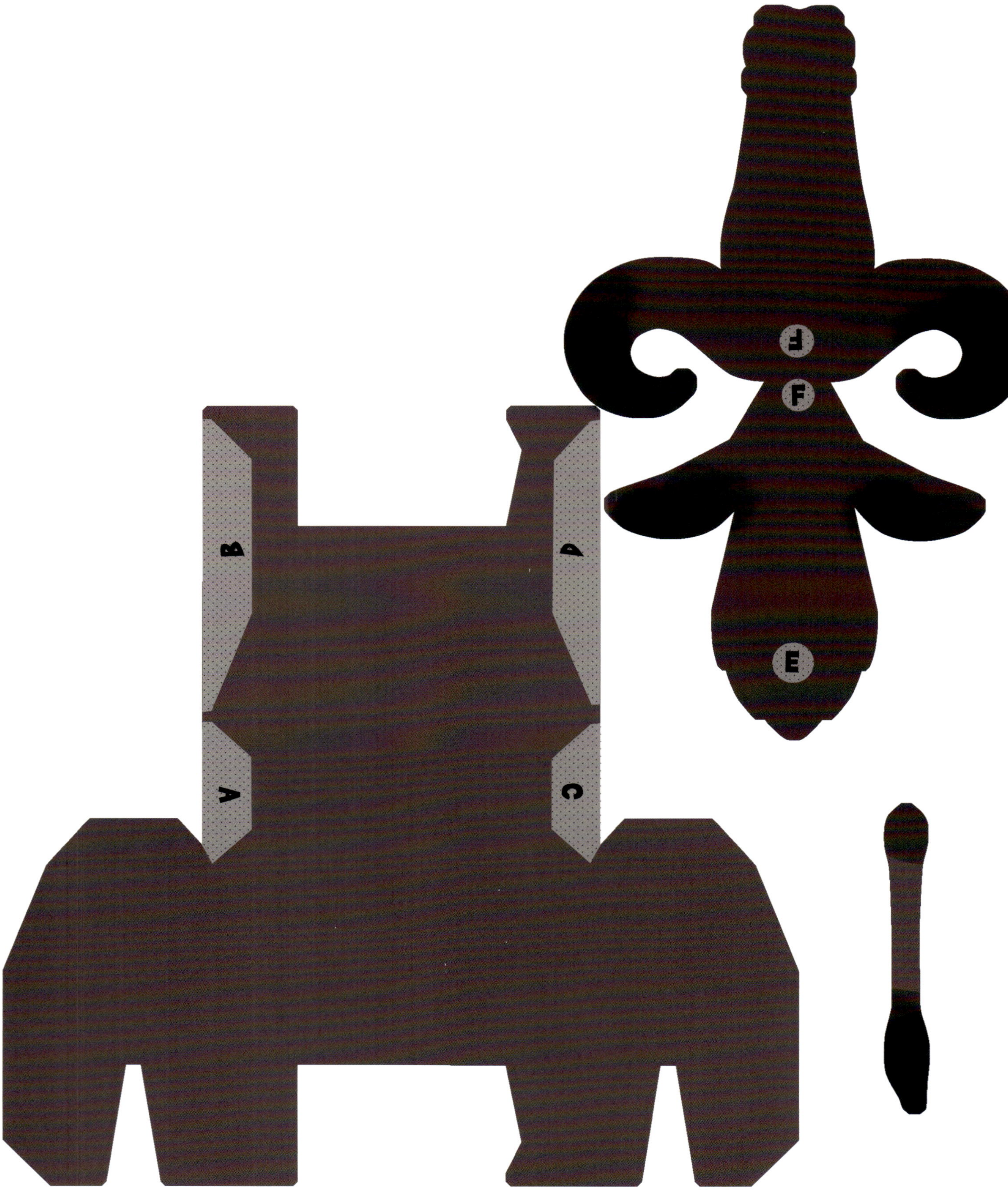

MAMA ELEFANT

DIE ANLEITUNG FINDEST DU AUF SEITE 16!

Behalte beim Falzen und Ausschneiden immer diese Seite oben!

MAMA ELEFANT

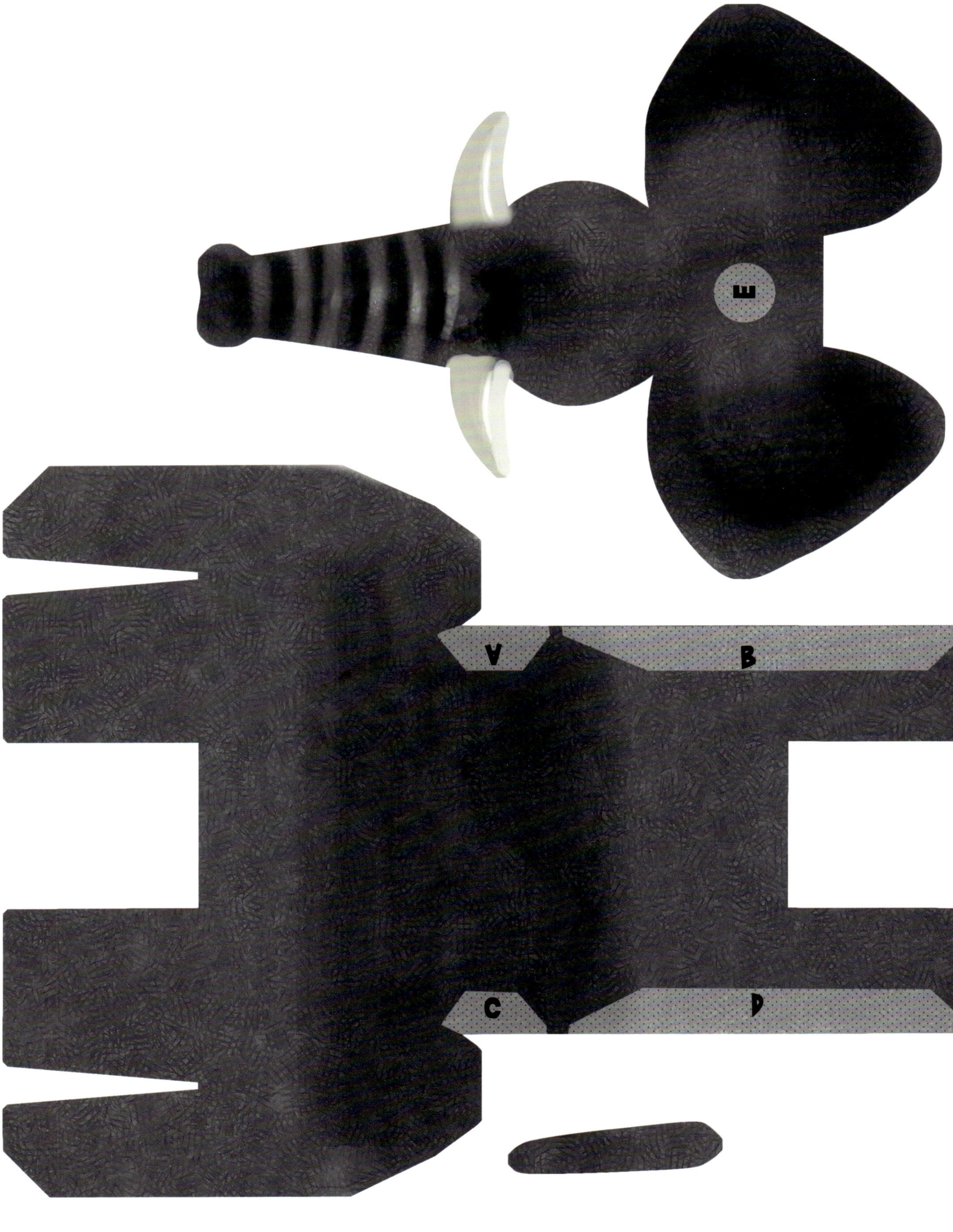

BABY ELEFANT

DIE ANLEITUNG FINDEST DU AUF SEITE 16!

Behalte beim Falzen und Ausschneiden immer diese Seite oben!

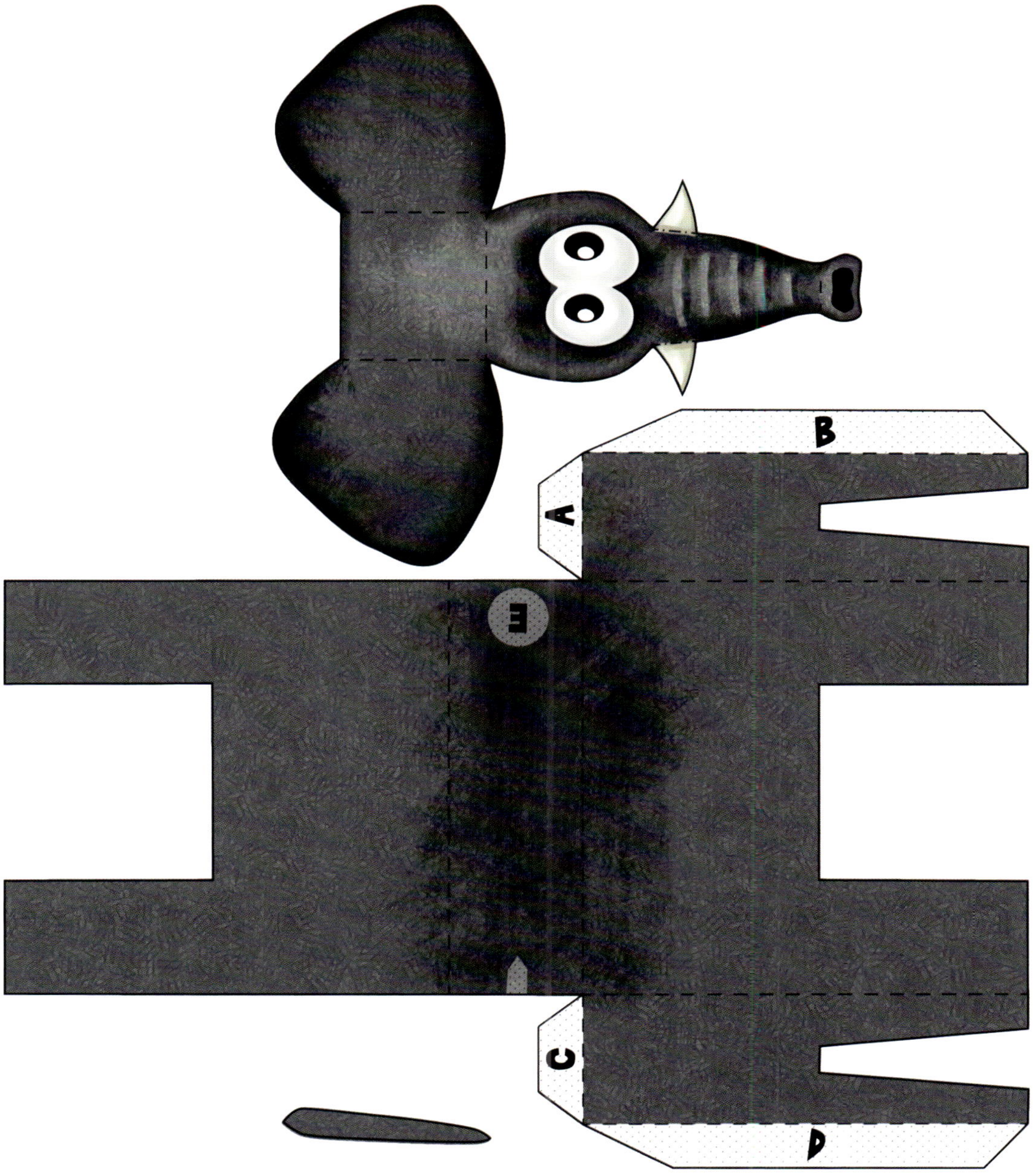

BABY ELEFANT

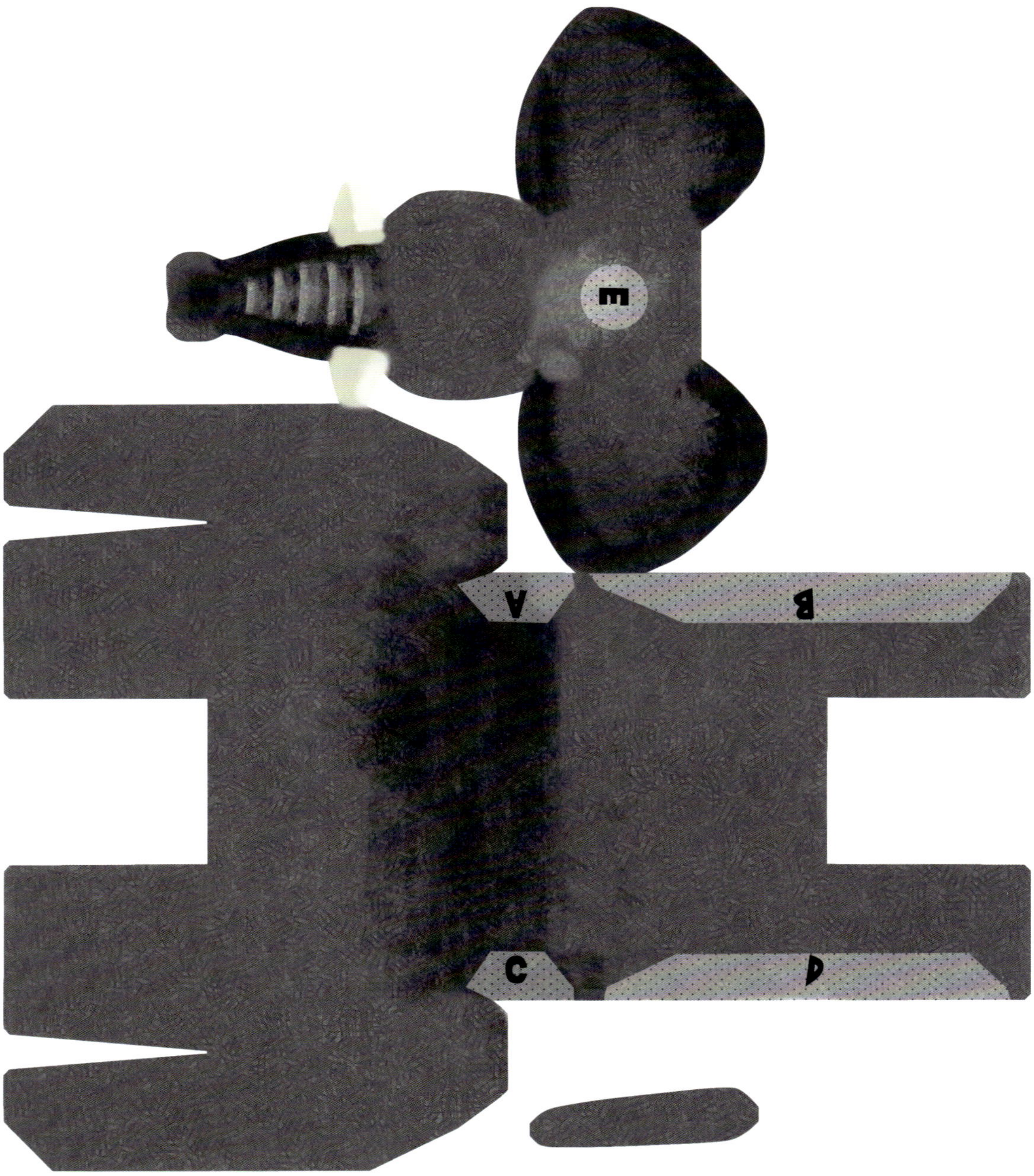

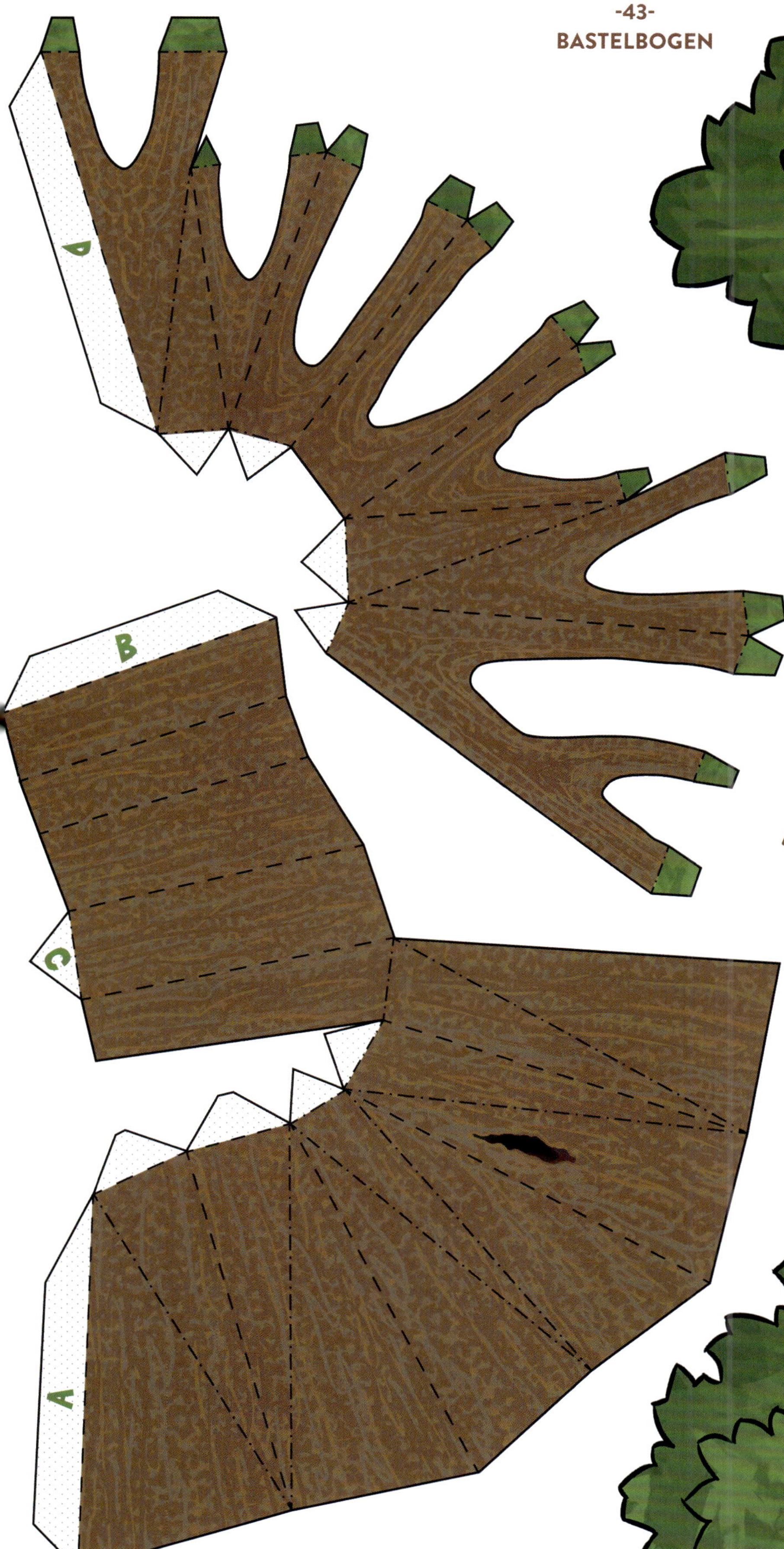

AKAZIE

DIE ANLEITUNG FINDEST DU AUF SEITE 17!

ehalte beim Falzen und Ausschneiden immer diese Seite oben!

AKAZIE

PFLANZEN

Behalte beim Falzen und Ausschneiden immer diese Seite oben!

PFLANZEN

PFLANZEN

DIE ANLEITUNG FINDEST DU AUF SEITE 18!

Behalte beim Falzen und Ausschneiden immer diese Seite oben!

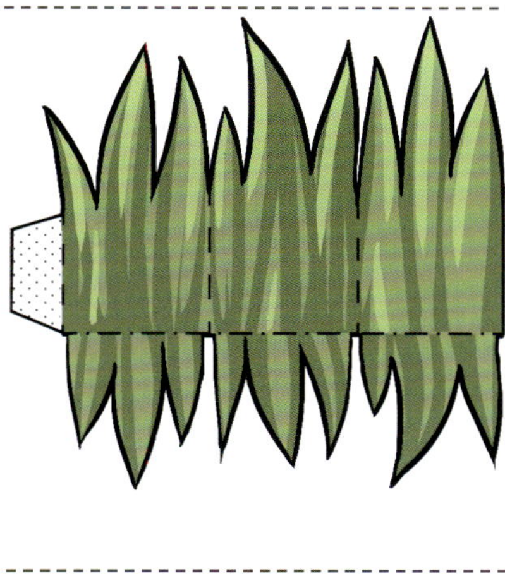

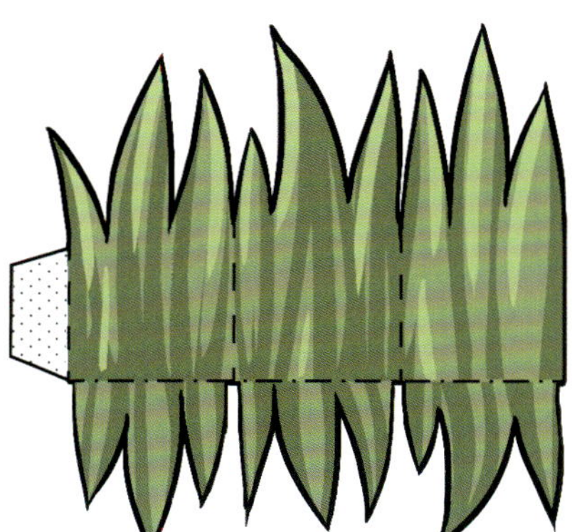

PFLANZEN

START

Oh nein!
Hier führt keine
Brücke über
das Flussbett.

Würfle eine 3,
um auf die andere
Seite zu springen.

START

ÜBER DEN AUTOR

Als selbstständiger Computeranimator erweckt Wolfram Kampffmeyer nicht nur am Computer Tiere zum Leben. Seine Leidenschaft ist das Entwerfen von neuen Skulpturen, die eine lebensechte Ausstrahlung haben. Seit 2010 kreiert der Stuttgarter unter dem Label Paperwolf dreidimensionale Tierskulpturen aus Papier. Egal, ob Hirsch, Löwe, Affe oder Erdmännchen, es gibt nichts, was er nicht aus Papier gestalten kann. So wuchs sein Papierzoo von Jahr zu Jahr von einer kleinen Idee zu einem zweiten beruflichen Standbein. Jedes Jahr gesellen sich neue Skulpturen zum Selberbauen hinzu – immer dann, wenn es den Designer wieder packt und eine neue Idee an die Oberfläche drängt, die er dann u. a. auf www.paperwolf.de verkauft.

Seit 2017 lebt er mit seiner Frau und zwei Kindern in seiner eigenen kleinen „Villa Kunterbunt" in Aach im Hegau.

Paperwolf findest du auf:

Facebook: www.facebook.com/paperwolf.info
Instagram: www.instagram.com/paperwolfsshop

DANKSAGUNG

Vielen herzlichen Dank an Sergej Schell für die tollen Illustrationen der Tierchen!

Ein Dank geht an meine Frau Annette, die stets meine Entwürfe kritisiert und erst zufrieden ist, wenn sie wirklich perfekt sind.

Vielen Dank an Coralie Bäumer, die mir ihre Hände für die Fotos im Grundlagenteil lieh, sowie an Paula, Lorenz und Patrick für die schönen Fotos.

Ebenfalls bedanken möchte ich mich bei den Flüchtlingskindern des AGDW in Stuttgart, die meine ersten Prototypen an einem wunderschönen Bastelnachmittag gebaut haben.

Den zweiten Prototypensatz hat der Hort des Tollhaus Stuttgart ausführlich getestet – danke!

Vielen Dank an meine Lektorin Charlotte May von der Edition Michael Fischer.

Und zu guter Letzt meinem Freund und Autor Christian von Aster, dem Meister der schönen Worte.

IMPRESSUM

Bibliografische Information der Deutschen Bibliothek.

Die Deutsche Bibliothek verzeichnet diese Publikation in der deutschen Nationalbibliografie.

Detaillierte bibliografische Daten sind im Internet über http://www.d-nb.de/ abrufbar.

EIN BUCH DER EDITION MICHAEL FISCHER

1. Auflage 2017

Gesamtherstellung: Silvia Keller

Redaktion und Lektorat: Charlotte May, Josefine Blieschies

Blätter-Illustrationen: Designed by Freepik

ISBN 978-3-86355-639-6

Printed in Slovakia

www.emf-verlag.de